Cómo crecen las plantas

Dona Herweck Rice

Dona Herweck Rice

Asesor

Timothy Rasinski, Ph.D.
Kent State University

Créditos

Dona Herweck Rice, *Gerente de redacción*

Robin Erickson, *Directora de diseño y producción*

Lee Aucoin, *Directora creativa*

Conni Medina, M.A.Ed., *Directora editorial*

Rosie Orozco-Robles, *Editora asociada de educación*

Don Tran, *Diseñador*

Stephanie Reid, *Editora de fotos*

Rachelle Cracchiolo, M.S.Ed., *Editora comercial*

Basado en los escritos de *TIME For Kids*.

TIME For Kids y el logotipo de *TIME For Kids* son marcas registradas de TIME Inc.
Usado bajo licencia.

Teacher Created Materials

5301 Oceanus Drive
Huntington Beach, CA 92649-1030
http://www.tcmpub.com
ISBN 978-1-4333-4416-9

¿Sabes cómo crecen
las plantas?

Primero, hay una semilla.

Está bajo tierra.

Luego, las raíces crecen dentro de la tierra.

Las raíces agarran
comida y agua para
la planta.

Después, empiezan
a crecer las hojas.

Las hojas suben.

La planta pronto
estará sobre la
tierra.

Luego, la planta
crece en el sol.

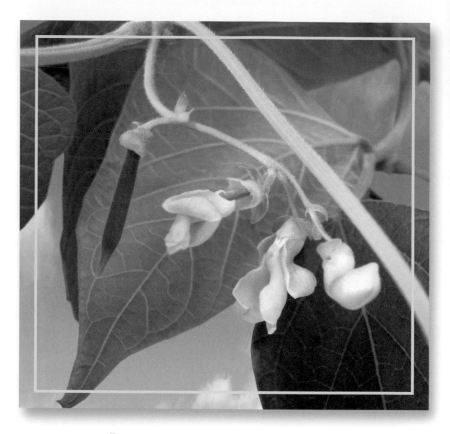

Pueden crecer
flores en la planta.

Podemos ver las plantas crecer.

Podemos ver las plantas crecer altas.

Palabras para aprender

a	empiezan	primero
agarran	en	pronto
agua	está	pueden
altas	estará	raíces
bajo	flores	sabes
comida	hay	semilla
cómo	hojas	sobre
crece	la	sol
crecen	las	suben
crecer	luego	tierra
de	para	una
dentro	planta	ver
después	plantas	y
el	podemos	